Die Deutsche Bibliothek - CIP-Einheitsaufnahme

Bancken, Carola:
Die Freiheit im Beziehungsspiel : der entspannte Beziehungsblick /
Carola Bancken. - Köln: Aktivraum-Verl. Zavelberg, 2000
ISBN 3-934753-02-7

Gestaltung und Satz: Rolf Zavelberg
Umschlagillustration unter Verwendung des Werkes „Entsprechung“ (Acryl auf Leinwand, 105 x 115 cm) von Rolf Zavelberg.
Foto von Carola Bancken: Fritz Thewes

Herstellung: Libri Books on Demand

Aktivraum
Agentur & Verlag

Rolf Zavelberg
Volksgartenstr. 1
50677 Köln

Fon: (0221) 93481-18
Fax: (0221) 93481-17
www.aktivraum.de

Carola Bancken

Die Freiheit im Beziehungsspiel

Der entspannte Beziehungsblick

Liebe Leserin, lieber Leser,

meine Art zu schreiben ist sehr karg. Wenn ich schreibe berühren mich die Worte in ihrem Spiel. Ich staune, wie sie in der Lage sind meine Erkenntnisse zu übersetzen. Sie erblühen wenn sie sich zentrieren und sie genießen sich im Punkt. Für mich sind sie Energieträger, lebendige Informationen zum Weiterreichen. Das tue ich nun mit der Herausgabe dieses zweiten Büchleins.

Mir geht es in diesem darum, den Energiefluss im Beziehungsspiel darzustellen. Es ist ein Training, die Energie im eigenen Beziehungsspiel zu halten.

Verliert der Mensch seine Energie im Beziehungsspiel, so aktiviert er seinen Energiemangel. Hält der Mensch seine Energie im Beziehungsspiel aufrecht, so gedeiht er in seiner Beziehungsfreiheit.

Ich habe erkannt, dass alle meine Beziehungen, die in diesem Leben mit meiner leiblichen

Mutter und meinem leiblichen Vater begonnen haben, mir dienten. Sie alle haben mich, dadurch, dass ich meiner Wahrnehmung gefolgt bin, in das IM MOMENT SEIN hinein geführt. Jeder Beziehungsspielpartner war und ist eine göttliche Inszenierung für mich, die es mir ermöglicht(e), meine innere Beziehungswelt in der Annahme zu erkennen.

Die Freiheit im Beziehungsspiel

Der entspannte Beziehungsblick

1. Das Spiele-Spiel

Alles was ist, ist ein Spiel. Die Summe aller Spiele ist das Spiele-Spiel, ist Gott. Gott ist somit das ganze und jedes einzelne Spiel.

Gott ist:

- Religionsspiel
- Medienspiel
- Schule-Schülerspiel
- Gesundheitsspiel
- Politikspiel
- sexuelles Spiel
- Erkenntnisspiel
- Geldspiel
- Jenseitsspiel
- Modespiel
- Arbeitsspiel
- Beziehungsspiel
- Sprachenspiel
- Reisespiel
- Wissenschaftsspiel
- Ernährungsspiel
- und, und, und

Erkennen wir Menschen unsere Spiele als göttliche Inszenierung, so sehen wir in allem, was ist, Gott.

Jeder Mensch ist mit einem ganz eigenen Spielplan ausgestattet. Das ureigene göttliche Spiel im Menschen führt den Menschen durch das Spiele-Spiel.

Diese Realität ist so wie sie ist. Ob diese Realität gefällt oder nicht, sie ist.

Mein eigener Spielplan im Spiele-Spiel hat mich in dieser Inkarnation bisher besonders intensiv durch die Spielfelder der Erkenntniswelt und der Beziehungwelt geführt.

Mein erstes Büchlein „In der Liebe erwacht" beschreibt den Weg der Erkenntnis, den ich bis heute gegangen bin. In diesem zweiten Büchlein „Die Freiheit im Beziehungsspiel" beschreibe ich aus der Welt der Erkenntnis das Beziehungsspiel.

Das Beziehungsspiel eines Menschen ist eine göttliche Variante aus dem gesamten Beziehungsspiel aller Menschen. Viele spielen ihr Beziehungsspiel unbewusst. Das heißt, sie leben in ihrem Beziehungsspiel in der Anhaftung an ihre Beziehungspartner. Erkennt der Mensch sein Beziehungsspiel als das, was es ist, so gelangt er in dieser Bewusstheit immer mehr in seine Beziehungsfreiheit.

Das Erkennen der Beziehungswelt ist gigantisch. Gott berührt Gott. Gott spielt mit Gott.

Das Erkennen

Obacht: Erkennen hat nichts mit Verstehen zu tun. Das Erkennen wohnt im Herzen der Annahme. Es eröffnet die Intelligenz der Liebe. Es purzelt durch den aktiven Vorgang des Annehmens in unser Leben.

Erkennen ist das Sehen-was-ist.

2. Das Beziehungsspiel

Das Beziehungsspiel ist ein Spiel im Spiele-Spiel Gott. Es fordert uns Menschen auf, es als das, was es ist, zu erkennen. Jeder Mensch lebt sein eigenes Beziehungsspiel.

Das Beziehungsspiel des Menschen besteht aus weiblichen und männlichen Spielanteilen. Das gilt unabhängig vom Alter. Es ist weder gut noch schlecht. Es ist, was es ist. Die Beziehungsspielpartner (Frauen, Männer, Kinder) dienen uns, damit wir uns in unserem eigenen inneren Beziehungsspiel erkennen können.

Das Ziel im Beziehungsspiel ist, die Beziehungen aus dem neutralen Raum des „goldenen Beziehungseis“ in sich zu erleben. Erlebt ein Mensch sein Beziehungsspiel aus dieser Raumkraft goldenes Beziehungsei in sich, so hat er seine Beziehungswelt entspannt.

Dieser Mensch hat seine wesentlichen weiblichen Beziehungsspielpartner, z.B. Mutter, Tochter, Frau, Freundin, Kollegin ..., in seiner eigenen inneren Weiblichkeit erkannt. Ebenso hat er seine wesentlichen männlichen Beziehungsspielpartner, z.B. Vater, Sohn, Mann, Freund ..., in seiner eigenen inneren Männlichkeit erkannt.

Das goldene Beziehungsei ist umschwirrt vom Beziehungsmüll.

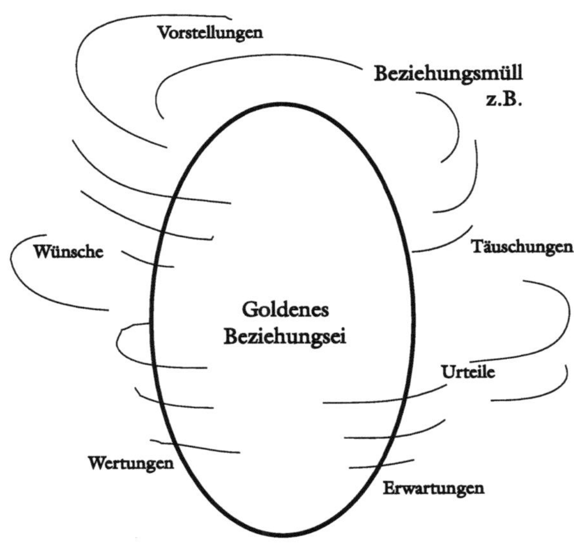

1. Jeder Mensch hat seinen ganz eigenen Beziehungsmüll.

2. Jeder Mensch hat seinen gesamten Beziehungsmüll selbst erschaffen.

3. Jeder Mensch ist für seinen Beziehungsmüll bedingungslos verantwortlich.

Der Beziehungsmüll ist weder gut noch schlecht, er ist, was er ist. Das Leben in diesem Beziehungsmüll ist den meisten Menschen bekannt. Das Beziehungsspiel aus der Freiheit des goldenen Beziehungseis zu erleben ist für viele, viele Menschen unbekannt.

Das Beziehungsspiel im Beziehungsmüll leben!

Im Beziehungsmüll orientiert sich der Mensch vor allem an Verhaltensmustern und ist im Reiz-Reaktionsspiel gefangen. Die Menschen spielen das Erwarten und das Täuschen. Sie beziehen sich auf den anderen und verhindern somit das Fühlen ihrer eigenen inneren Beziehungsrealität. Scheidet der andere zum Beispiel durch Tod, Ehescheidung oder sonst wie aus dem Beziehungsspiel aus, dann ist das Spüren vom eigenen Beziehungsmangel oft sehr groß. Das

Fühlen von Beziehungsmangel hat nichts mit dem Gehen des Beziehungsspielpartners zu tun.

Beziehungsmangel ist das Fühlen des Energiemangels, den wir Menschen in uns erleben, wenn wir unser eigenes Beziehungsspiel in der Anhaftung an unseren Beziehungsmüll erfahren. Im neutralen Raum des goldenen Beziehungseis gibt es weder Beziehungsmüll noch Energiemangel. Dort lebt der Mensch in seiner Beziehungsenergie und erfährt seine Beziehungsfreiheit.

Beziehungsmangel, Beziehungsschmerz, Beziehungsverlust sind Symptome von Energiemangel im eigenen Beziehungsspiel.

Solange der Mensch in der Priorität seine Beziehungen im Beziehungsmüll lebt, solange bleibt er im Energiemangel und seine eigene innere Beziehungswelt ist nicht entspannt.

Der eigene innere Beziehungsmüll wird dem Menschen in den Begegnungen mit seinen Mitmenschen im Außen in Szene gesetzt.

Der Beziehungsmüll im Menschen recycelt sich Schritt für Schritt durch die Annahme und das Erkennen der in Szene gesetzten Spielpartner.

Sein Beziehungsspiel kann jeder Mensch nur für sich selbst in der Annahme entspannen.

Leben Menschen ihre Eigenverantwortung, können sie sich in diesem Entspannungsprozess unterstützen.

Jede Schuldzuweisung und jede Bewertung von Mitmenschen ist hinderlich. Jeder Beziehungsspielpartner, der berührt, ist kostbar.

Die bedingungslose Annahme von allem was ist, ist die Grundbedingung für diesen Entspannungsprozess.

Praktiziert der Mensch in seinem Beziehungsspiel die Annahme so aktiviert sich seine Beziehungsenergie. Lebt der Mensch im Nichtwahrhabenwollen seiner Realität oder in der Ablehnung bzw. Bewertung seiner Beziehungsspielpartner, so blockiert sich seine Beziehungsenergie.

Im Beziehungsspiel ist sehr viel wertvolle Energie blockiert und es ist schön, wenn diese blockierte Energie frei wird und dadurch die Beziehungsfreiheit fühlbar und erlebbar wird.

Im goldenen Beziehungsei leben!

Im goldenen Beziehungsei leben ist entspannt sein im System des eigenen Beziehungsspiels. In dieser Realität kommuniziert der Mensch aus der inneren Verantwortung. Er lässt seinen Beziehungsspielpartnern bewusst Raum. Er wurstelt nicht im Raum des anderen rum. Er erlebt sich bewusst in den Begegnungen mit seinen Beziehungsspielpartnern. Er genießt sich im neutralen Raum, im goldenen Beziehungsei.

Mit sich ins goldene Beziehungsei rutschen ist so viel Staunen und Genießen.

Miterleben, wie Mitmenschen in ihr goldenes Beziehungsei rutschen, ist genauso viel Staunen und Genießen.

3. Sehen-was-ist ist sehen, was ist I

Der Mensch sieht das Außen so, wie es in ihm lebt. Er inszeniert das Außen aufgrund seiner inneren Welt. Die innere Welt besteht aus der Summe der Erfahrungen aus allen Inkarnationen.

Das Leben, Gott, bietet dem Menschen durch die äußeren Inszenierungen das Sehen in die innere Welt an. Die innere Welt ist die Welt, in der das Außen schon lebt, bevor es sichtbar auf der Lebensbühne erscheint.

Der Mensch wird mit dieser Realität geboren, sie steuert sich durch die Intelligenz der Liebe im Menschen. Diese Realität ist sehr nüchtern und es ist ein großes Geschenk, wenn sie dem Menschen bewusst wird.

Sehen lernen

Die äußere Beziehungswelt ist die äußere Beziehungswelt. So wie sie für den jeweiligen Menschen ist, so wird sie von diesem Menschen selbst inszeniert. Die äußere Beziehungswelt bedient die innere Beziehungswelt. Die eigene innere Beziehungswelt organisiert sich die eigene äußere Beziehungswelt.

Die Beziehungsspielpartner, z.B. Mutter, kranke Schwester, erfolgreicher Chef, Freund ..., sind die äußere Beziehungswelt im Beziehungsspiel. An jedem Tag schaut der Mensch durch seine Beziehungsspielpartner in seine innere Beziehungswelt. Jeder Beziehungsspielpartner ist eine Gelegenheit, die eigene innere Beziehungswelt als das, was sie ist, zu sehen. Insofern dient uns die äußere Welt als Spiegel für unsere innere Welt.

Nicht jeder Beziehungsspielpartner ist eine Aufforderung im Beziehungsspiel. Mit vielen Beziehungsspielpartnern gibt es Null Reaktionen. Reagieren wir auf Beziehungsspielpartner, so weisen diese auf Spannungen in der inneren Beziehungswelt hin. Reagiert beispielsweise eine junge Frau auf einen attraktiven jungen Mann, so berührt dieser Beziehungsspielpartner in ihrer inneren Männlichkeit den attraktiven jungen Mann.

Reagiert ein Passant am Unfallort auf die verwundete Frau, so berührt sie in seiner inneren Weiblichkeit die junge verwundete Frau am Unfallort.

Der Mensch wandert täglich durch ein Beziehungsspiegelkabinett. Das Beziehungsspiegelkabinett ist Gott. Gott zeigt sich uns durch unsere Beziehungsspielpartner. Bewusst mit den Beziehungsspielpartnern und der eigenen inneren Beziehungswelt sein, ist ein wunderbares Energietraining.

Gibt der Mensch seine Beziehungsenergie dem Beziehungsspielpartner, so fühlt er sich selbst blockiert und getrennt.

Bekommt seine innere Beziehungswelt die Beziehungsenergie, fühlt er sich im Fließen.

Bei Beziehungsspielpartnern, durch die es schwer fällt, in die eigene innere Beziehungswelt zu schauen, würden wir gerne weglaufen.

Beziehungsspielpartner, durch die es schön ist, in die eigene innere Beziehungswelt zu schauen, die würden wir gerne festhalten.

Jeder Beziehungsspielpartner lässt uns erkennen, dass das, was wir im Anderen sehen, in unserer eigenen inneren Beziehungswelt lebt.

Lenken wir unsere Beziehungsenergie besonders stark auf einen Beziehungsspielpartner oder wehren wir uns gegen einen, so produzieren wir in beiden Fällen in uns einen Energiemangel.

Energiemangel!

Der Beziehungsspielpartner bekommt in der Aufmerksamkeit zuviel Energie. Die eigene innere Beziehungswelt des Menschen verkrampft und vertrocknet durch Energiemangel. Das tut weh! So doof weh!

Im Energiemangel gedeihen Sorgen, Ängste, Schmerzen, Verwirrungen (...) im Beziehungsspiel. Im Energiemangel erleben die Menschen letztendlich ihren gesamten Hokuspokus-Beziehungskuddelmuddel-Lulalei im Leben.

Der innere Energiemangel ist unser Beziehungsstress im Außen. Der Mensch lebt nicht in der Verantwortung für sein Beziehungsspiel. Er hat sich mit seinem Beziehungsmüll im Müll anderer Beziehungsspielpartner verknotet, verknüpft, vergnügt, verlaufen.

Hat ein Mensch den Beziehungsstress mit einem männlichen Beziehungsspielpartner, so entspannt dieser, wenn die Aufmerksamkeit vom Beziehungsspielpartner weg in die eigene innere Männlichkeit gelenkt wird.

Hat ein Mensch den Beziehungsstress mit einem weiblichen Beziehungsspielpartner, so entspannt dieser, wenn die Aufmerksamkeit vom Beziehungsspielpartner weg in die eigene innere Weiblichkeit gelenkt wird.

Hat ein Mensch den Beziehungsstress mit einem Beziehungsspielpartner im Kindesalter, so entspannt dieser, wenn die Aufmerksamkeit vom Beziehungsspielpartner weg in die eigene innere Kinderwelt gelenkt wird.

Der Beziehungsspielpartner bleibt solange im Beziehungsspiel, wie er bleibt. Er fordert seinen Beziehungsspielpartner heraus, ihn in sich zu erkennen. Manche Beziehungsspielpartner spielen sehr lange im Beziehungsspiel mit, andere tauchen immer und immer wieder, auch in anderen Gesichtern, auf. Hat die eigene innere Beziehungswelt den Beziehungsspielpartner in sich erkannt, so ist die blockierte Beziehungsenergie gelöst. Der Beziehungsspielpartner ist frei, er hat seinen Job getan.

Im realen Blick weilen. Sehen lernen, was der Beziehungsspielpartner zeigt.

Interpretieren wir durch unsere Gedanken und Emotionen, was wir sehen, so blockieren wir den klaren Blick, das Sehen-was-ist.

4. Sehen-was-ist ist sehen, was ist II

Sehen-was-ist ist sehen, was ist.

- Siehst du eine Frau - siehst du eine Frau.
- Siehst du einen Mann - siehst du einen Mann.
- Siehst du ein Kind - siehst du ein Kind.

Lerne sehen, was du siehst.

- Bewegt dich, was du siehst, lebt das, was du siehst in deiner eigenen inneren Beziehungswelt.

Der entspannte Beziehungsblick

Der entspannte Beziehungsblick sortiert die Beziehungsenergien im Beziehungsspiel. Er lenkt sie entsprechend ihrem Energiefluss. Die Beziehungsenergie gedeiht, der klare Blick im Beziehungsspiel erwacht. Das Energieverwirrungsgedusel und Ablenkungsmanöver im Beziehungsspiel stoppt.

Jeder Mensch hat

- eine individuell schwingende Weiblichkeit in sich,
- eine individuell schwingende Männlichkeit in sich, und er hat
- eine individuell schwingende Kinderwelt in sich.

Der entspannte Beziehungsblick sortiert die weiblichen und die männlichen Energien und die Energien der Kinderwelt dorthin, wo sie fließen.

Der entspannte Beziehungsblick

- fordert im Blick zur Frau auf, die Energie in die eigene innere Weiblichkeit zu lenken.
- fordert im Blick zum Mann auf, die Energie in die eigene innere Männlichkeit zu lenken.
- fordert im Blick zum Kind auf, die Energie in die eigene innere Kinderwelt zu lenken.

In dieser Betrachtung steht der Mensch in der direkten Verbindung zu seiner eigenen inneren weiblichen Beziehungswelt, seiner eigenen inneren männlichen Beziehungswelt oder seiner eigenen inneren Kinderwelt. Er transportiert seine Beziehungsenergie direkt zum Bestimmungsort.

Beispiele:

- Betrachtet ein Kind den Beziehungsspielpartner Mutter, so sieht das Kind in die eigene innere Weiblichkeit Mutter.

- Betrachtet ein Kind den Beziehungsspielpartner Vater, so sieht das Kind in die eigene innere Männlichkeit Vater.

- Betrachtet ein Kind den Beziehungsspielpartner Kind, so sieht das Kind in die eigene innere Kinderwelt.

- Betrachtet die Mutter den Beziehungsspielpartner Kind, so sieht die Mutter in die eigene innere Kinderwelt.

- Betrachtet die Mutter den Beziehungsspielpartner Vater, so sieht die Mutter in die eigene innere Männlichkeit Vater.

- Betrachtet der Vater den Beziehungsspielpartner Kind, so sieht der Vater in die eigene innere Kinderwelt.

- Betrachtet der Vater den Beziehungsspielpartner Mutter, so sieht der Vater in die eigene innere Weiblichkeit Mutter.

Es ist ein Training, die männlichen Beziehungsspielpartner in der eigenen inneren männlichen Welt, die weiblichen Beziehungsspielpartner in der eigenen inneren weiblichen Welt und die Beziehungsspielpartner Kinder in der eigenen inneren Kinderwelt zu erkennen.

Im Sortieren der Beziehungsenergien entspannt der Mensch in seiner eigenen inneren Beziehungswelt und mit seinen Beziehungsspielpartnern im Außen. Er setzt brach liegende Beziehungsenergien frei und entpuppt sich in seine Beziehungsverantwortung. Er aktiviert sein goldenes Beziehungsei.

Der verwirrende herkömmliche Beziehungsblick

Die Menschen sehen sich in dem verwirrenden herkömmlichen Beziehungsblick in ihren Übereinstimmungen und Gewohnheiten. Sie spielen Familien- und Gesellschaftsspiele. Sie präsentieren Meinungen und angenommene Regeln. Sie produzieren sich im Miteinander im Beziehungsmüll. In diesem Beziehungsblick sehen sich die Menschen in ihren Beziehungsrollen.

Beispiele:

- Die Mutter schaut das Kind aus ihrer eigenen inneren Weiblichkeit Mutter an.

- Der Mann schaut die Frau aus seiner eigenen inneren Männlichkeit an.

- Das Kind schaut den Mann aus seiner eigenen inneren Kinderwelt an.

- Das Kind schaut die Mutter aus seiner eigenen inneren Kinderwelt an.

- Die Frau schaut den Mann aus ihrer eigenen inneren Weiblichkeit an.

- Der Mann schaut das Kind aus seiner eigenen inneren Männlichkeit an.

Die Beziehungsenergien blockieren und verwirren sich. Sie fließen nicht in der natürlichen Richtung. Das hat zur Konsequenz, dass die Menschen in ihrem Beziehungsspiel auf der Basis des Energiemangels leben.

5. Mann/Frau • Frau/Mann

Ein Mann ist ein Mensch, der in seinem jetzigen Leben als Mann inkarniert hat.

Eine Frau ist ein Mensch, der in ihrem jetzigen Leben als Frau inkarniert hat.

Das derzeitige Leben jedes einzelnen Menschen beinhaltet die Summe seiner Erfahrungen aus all seinen männlichen und weiblichen Inkarnationen. Das Leben bietet dem Menschen unabhängig von seiner derzeitigen Geschlechtlichkeit Entwicklungsmöglichkeiten in seiner Männlichkeit und in seiner Weiblichkeit an.

Die Männlichkeit findet ihre Schulung durch männliche Beziehungsspielpartner. Die Weiblichkeit bekommt ihre Schulung durch weibliche Beziehungsspielpartner.

Der Mensch empfängt an Beziehungsspielpartnern, was er aus seinem inneren, aktuellen Mann-Frau-Entwicklungsstand aussendet. Er inszeniert sich pünktlich die Beziehungsspielpartner, die er für seinen weiblichen und männlichen Entwicklungsschritt braucht.

Diese Realität hat wenig Übereinstimmung mit den Vorstellungen, Bildern und Wünschen, die der Mensch von seinem Beziehungsspiel hat. Diese Realität zeigt auf, was ist. Das Sehen-was-ist, fordert vom Menschen die bedingungslose Annahme, d.h. jeder Beziehungsspielpartner, der war, und jeder Beziehungsspielpartner, der ist, und jeder Beziehungsspielpartner, der sein wird, ist das, was er ist. Er ist weder gut noch schlecht. Er ist und er dient. Jeder Beziehungsspielpartner dient dem Menschen dazu, sich in seinem eigenen inneren Beziehungsspiel zu erkennen.

- Eine Frau steht im Kontakt mit einem Mann in ihrer männlichen Herausforderung. Reagiert sie auf diesen Mann, so hat sie die Möglichkeit, in ihrer inneren Männlichkeit die Annahme zu aktivieren.

- Ein Mann steht im Kontakt mit einer Frau in seiner weiblichen Herausforderung. Reagiert er auf diese Frau, so hat er die Möglichkeit, in seiner inneren Weiblichkeit die Annahme zu aktivieren.

- Ein Mann steht im Kontakt mit einem Mann in seiner männlichen Herausforderung. Reagiert er auf diesen Mann, so hat er die Möglichkeit, in seiner inneren Männlichkeit die Annahme zu aktivieren.

- Eine Frau steht im Kontakt mit einer Frau in ihrer weiblichen Herausforderung. Reagiert sie auf diese Frau, so hat sie die Möglichkeit, in ihrer inneren Weiblichkeit die Annahme zu aktivieren.

In einer Partnerschaft Mann-Frau aktiviert der Mann im Kontakt mit seiner Frau seine innere Weiblichkeit. Die Frau aktiviert im Kontakt mit ihrem Mann ihre innere Männlichkeit.

Jeder Beziehungsspielpartner ist auf seine Art und Weise und an dem jeweiligen Ort und zum entsprechenden Zeitpunkt genau das, was er ist.

In mir begleitet mich bei diesen Worten ein umarmendes Dankeschön für die Männer und Frauen in meinem Leben, in deren Betrachtung sich mein Erkennen im Beziehungsspiel vollzog. Alle haben ihren Job mit mir wirklich super gespielt.

Aus der eigenen Bewegung fallen!

Männer und Frauen fallen in ihren Beziehungskontakten sehr schnell in die Bewegungen des anderen. D.h. sie haften energetisch am Beziehungsspielpartner.:

- Sie denken in den anderen.

- Sie kümmern sich um den anderen.

- Sie besorgen sich Anerkennung und Ablehnung über den anderen.

- Sie leben ihre Verhaltensweisen und Gewohnheiten im Miteinander.

- Sie gehen fremd mit sich selbst.

- Sie vernachlässigen ihre Bewegungen und das hat zur Folge, dass ihr Energiehaushalt in den Mangel fällt.

- Sie leben immer wieder im Energiemangel, auch wenn sie denken, dass sie das gar nicht wollten.

Solange der Mensch den Energiemangel im Beziehungsspiel lebt, solange will er diese Realität erleben. Das, was der Mensch tut, will er tun. Erst wenn er es nicht mehr tut, will er es nicht mehr tun. Das Tun wirkt für sich.

Und das Tun wirkt unabhängig von dem, was unsere begrenzte Denke über das Tun denkt, und es wirkt unabhängig von dem, was unsere ebenfalls per se begrenzte Emotion beim Tun fühlt.

Auf die Dauer tut der chronische Energiemangel im Beziehungsspiel sehr subtil weh. Das Beziehungsspiel verhält sich angespannt und die Sehnsucht, die Beziehungen aus dem goldenen Beziehungsei in sich zu erleben, wird immer größer und erscheint unerreichbar.

Ungewollt, ungewollt, ungewollt, ungewollt, ungewollt!

Beispiele von „unklaren“ Bewegungen im eigenen Beziehungsspiel:

- Der Mensch manövriert sich selbst in Beziehungssituationen, von denen er im vornherein weiß, da gehöre ich jetzt nicht hin.
- Der Mensch kommuniziert mit seinen Beziehungsspielpartnern kein klares JA und kein klares NEIN.
- Der Mensch hält für den Fall X, wo er eventuell Hilfe braucht, längst abgelaufene Beziehungskontakte aufrecht.
- Der Mensch verlässt die Partnerschaft nicht aus der Angst vor dem eigenen inneren Alleinsein.
- usw.

Das oben beschriebene Beziehungsverhalten tut den Menschen weh und es erschafft Energiemangel. Das hat zur Folge, dass der Mensch oft unbewusst sein inneres Radioprogramm UNGEWOLLT einschaltet.

Das Radioprogramm UNGEWOLLT beschäftigt den Menschen mit Fragen wie z.B.

- Wollte ich eigentlich inkarnieren?
- Warum nur bin ich hier?
- Was soll das denn alles?
- und und und

Suizidale Gedanken, wie „Ach wäre ich doch nicht mehr da!", „Ich war doch eh nicht erwünscht" und, und, und, schalten sich gerne als Werbung in das innere Radioprogramm UNGEWOLLT mit ein.

Jeder Mensch ist für diesen Gedankenhokuspokus und Emotionswackelpudding in seinem inneren Radioprogramm UNGEWOLLT selbst verantwortlich.

Es sind unsere „unklaren" Bewegungen im Beziehungsspiel, die die Inhalte dieses Radioprogramms in uns Menschen erschaffen. In der Lebendigkeit der eigenen Bewegungen gibt es diesen Radiosender nicht.

Wenn wir unklare Bewegungen leben, produzieren wir Energiemangel. Das gilt immer - egal, ob wir uns bewusst oder unbewusst NICHT folgen.

Der hilfsbedürftige Mann, das begrenzte Weib

Der hilfsbedürftige Mann

„Ich muss meinem Mann doch helfen!", sagen oft Frauen, die an der Seite eines hilfsbedürftigen Mannes leben. Sie erleben in der Betrachtung ihres hilfsbedürftigen Mannes in ihrer eigenen inneren Männlichkeit den hilfsbedürftigen Mann. Bekommt die eigene innere Männlichkeit hilfsbedürftiger Mann von der Frau keine Aufmerksamkeit, so bleibt die Frau in ihrem Energiemangel stecken. Sie erlebt den hilfsbedürftigen Mann an ihrer Seite als Last.

Bedient die Frau zuerst den hilfsbedürftigen Mann in sich mit Energie, so erschafft sie sich für die äußere Begegnung hilfsbedürftiger Mann die notwendige Distanz. In dieser Distanz erkennt und entspannt sie in ihrem Beziehungsspiel.

Das begrenzte Weib

Ein Mann, der mit einer Frau lebt, die ihr weibliches Spiel auf Kinder, Kirche, Küche, begrenzt hat, erlebt in seiner inneren Weiblichkeit die Frau, die ihr weibliches Spiel in der Begrenzung Kinder, Kirche, Küche lebt. Dieser Mann lebt im Kontakt mit seiner Frau seine innere begrenzte Weiblichkeit. Er traut sich in der Entwicklung seiner Weiblichkeit noch nicht auf die Straße, das meint, in die Lebendigkeit seiner eigenen inneren weiblichen Bewegungen.

Mann geht! Frau geht!

Mann geht! Frau geht! Das Nichwahrhabenwollen dieser nüchternen Realität „Mann geht"/ „Frau geht" ist in unserer Beziehungswelt tief verwurzelt.

Der Mensch windet sich und schleicht um diese Nüchternheit. Er will sie nicht. Obwohl sie ist, will der Mensch sie nicht.

Der Mann wird gehen. Die Frau wird gehen. Wann und wie? Genau dann, wenn es in der göttlichen Inszenierung geschieht, dann geschieht es wieder, „Mann geht"/„Frau geht".

Die unverdauten Mannverluste in der inneren Männlichkeit und die unverdauten Frauverluste in der inneren Weiblichkeit im Menschen verstopfen den Energiefluss im Beziehungsspiel. Dadurch tröpfeln die Beziehungen im Außen oft so vor sich hin.

Für jeden Menschen gilt: Jeder Beziehungsspielpartner Mann, der in diesem und in vorangegangenen Leben gegangen ist, hat in der eigenen inneren männlichen Beziehungswelt als Information „Mann geht“ hinterlassen.

Jeder Beziehungsspielpartner Frau, der in diesem und in vergangenen Leben gegangen ist, hat in der eigenen inneren weiblichen Beziehungswelt als Information „Frau geht“ hinterlassen.

Bleibt der Mensch im Nichtwahrhabenwollen dieser Realität „Mann geht“/“Frau geht“ stekken, so versiegt die Lebendigkeit im eigenen Beziehungsspiel. Der Beziehungsmangel blüht. Die Beziehungsenergien fließen wieder, sobald der Mensch die Realität „Mann geht“/„Frau geht“ in seiner Annahme bewegt.

Geht der Mann aus einer Partnerschaft mit einer Frau aus dem Beziehungsspiel, so berührt das in der Frau in ihrer eigenen inneren männlichen Welt „Mann geht“. Ist diese Realität „Mann geht“ in der männlichen Beziehungswelt der Frau nicht entspannt, so wird ihr das Gehen des Beziehungsspielpartners Mann weh tun. Diese Schmerzen sind Symptome von vorhandenen ungeklärten Bewegungen in ihrer inneren Männlichkeit. Vielleicht Schuldgefühle, die ihr als Reste geblieben sind, als sie z.B. in einer männlichen Inkarnation, also als Mann, ihre Frau verlassen hat. Diese Frau kann nun durch das Gehen ihres jetzigen Beziehungsspielpartners ihre alten, ungeklärten Bewegungen in ihrer männlichen Beziehungswelt annehmen und entspannen. Sie erlebt dann „Mann geht“ als natürliche

Bewegung in ihrem Leben, die nicht mehr mit Nichtwahrhabenwollen behaftet ist.

Geht die Frau aus einer Partnerschaft mit einem Mann aus dem Beziehungsspiel, so berührt das im Mann in seiner eigenen inneren weiblichen Welt „Frau geht". Ist diese Realität „Frau geht" in der weiblichen Beziehungswelt des Mannes nicht entspannt, so wird ihm das Gehen des Beziehungsspielpartners Frau weh tun. Diese Schmerzen sind Symptome von vorhandenen ungeklärten Bewegungen in seiner inneren Weiblichkeit. Vielleicht Restzweifel, die ihm geblieben sind, als er in einer weiblichen Inkarnation, also als Frau, seinen Mann verlassen hat. Dieser Mann kann nun durch das Gehen des jetzigen Beziehungsspielpartners seine alten ungeklärten Bewegungen in seiner weiblichen Beziehungswelt annehmen und entspannen. Er erlebt dann „Frau geht" als natürliche Bewegung in seinem Leben, die nicht mehr mit Nichtwahrhabenwollen behaftet ist.

Hat ein Mensch in seiner inneren Beziehungswelt „Mann geht" und „Frau geht" entspannt, so ist seine gebundene Beziehungsenergie frei. Er erlebt sich gelöst im eigenen Beziehungsspiel.

- Die Sehnsucht nach Mann ist die Sehnsucht nach dem freien Energiefluss in der eigenen inneren Männlichkeit.

- Die Sehnsucht nach Frau ist die Sehnsucht nach dem freien Energiefluss in der eigenen inneren Weiblichkeit.

Die Trennung

Die Trennung ist ein Programm im Beziehungsspiel. Die Trennung aktiviert die Trennung. Die Trennung fordert den Menschen auf, den Beziehungsspielpartner zu verlassen. Die Trennung funktioniert aufgrund unentspannter Trennungen im individuell schwingenden Beziehungsspiel. Die Trennung ist weder gut noch schlecht. Sie ist. Es gilt, das Trennungsprogramm als das, was es ist, anzunehmen und zu erkennen.

- Trennt sich eine Frau von einem Mann, so trennt/entspannt sie sich von diesem Mann in ihrer eigenen inneren männlichen Beziehungswelt.

- Trennt sich ein Mann von einer Frau, so trennt/entspannt er sich von dieser Frau in seiner eigenen inneren weiblichen Beziehungswelt.

Im Trennungsspiel erleben die Trennungspartner ihren ganz natürlichen Ablöseprozess. Darüber hinaus erlebt jeder seinen Hokuspokus an Verknüpfungen, den er in der Zeit des Miteinanders erschaffen hat. Letzteres ist der Dauerbrenner im Trennungsspiel.

Im Trennungsspiel ist es für beide Trennungspartner ganz wichtig, gut auf den eigenen Energiehaushalt aufzupassen, da im Trennungsspiel das Hineinfallen in die Bewegungen des anderen sehr schnell geschieht. Jeder Trennungspartner steht mit sich in der Herausforderung, seinen eigenen inneren Beziehungsmangel in seinem Beziehungsspiel anzunehmen und zu erkennen.

- Geht die Frau aus einer Partnerschaft mit Mann, hat dieser Mann die Möglichkeit, in seiner Weiblichkeit „Frau geht“ zu klären.

  Die Frau, die geht, hat den Mann, den sie verlässt, in ihrer eigenen inneren männlichen Beziehungswelt anzunehmen.

- Geht der Mann aus einer Partnerschaft mit Frau, hat diese Frau die Möglichkeit, in ihrer Männlichkeit „Mann geht“ zu klären.

  Der Mann, der geht, hat die Frau, die er verlässt, in seiner eigenen inneren weiblichen Beziehungswelt anzunehmen.

Aus den Beziehungsspielpartnern werden Trennungsspielpartner. In diesem Spiel hat der Trennungspartner denjenigen in sich anzunehmen und zu erkennen, den er verlässt oder von dem er verlassen wird.

Das Trennungsspiel in einem Menschen ist gelöst, wenn der Mensch den gehenden und den bleibenden Trennungspartner im eigenen Beziehungsspiel angenommen und erkannt hat.

6. Männliche Beziehungsspielpartner - Weibliche Beziehungsspielpartner

Der Mensch hat in seinem Leben die Möglichkeit, sich mit seiner eigenen inneren Männlichkeit und seiner eigenen inneren Weiblichkeit zu versöhnen. Er trägt die Männer und die Frauen in sich, die seine Intelligenz Liebe für ihn auf seiner Lebensbühne darstellt.

Es gibt viele Beziehungsspielpartner für uns Menschen in unserem Beziehungsspiel. Die Beziehungsspielpartner, die uns berühren, uns beschäftigen, mit denen wir uns immer wieder reiben, sei es versteckt oder offensichtlich, diese Beziehungsspielpartner gilt es durch die Annahme in sich selbst als das, was sie sind, zu erkennen. Nimmt der Mensch seine Beziehungsspielpartner an, versöhnt er sich mit sich selbst.

- Eine Frau, die eine verwundete oder verkapselte Männlichkeit in sich trägt, aktiviert entsprechende männliche Beziehungsspielpartner.

- Eine Frau, die eine entspannte, lebendige Männlichkeit in sich trägt, aktiviert entsprechende männliche Beziehungsspielpartner.

- Ein Mann, der eine im Sex blockierte und unterstützungsbedürftige Weiblichkeit in sich trägt, aktiviert entsprechende weibliche Beziehungsspielpartner.

- Ein Mann, der eine offene und friedliche Weiblichkeit in sich trägt, aktiviert entsprechende weibliche Beziehungsspielpartner.

Männliche Beziehungsspielpartner

- In der Betrachtung eines Mannes, der in seiner Arbeitswelt blockiert ist, berührt es einen Mann in der eigenen inneren Männlichkeit, der in seiner Arbeitswelt blockiert ist.

- In der Betrachtung eines Mannes, der als Penner auf der Parkbank sitzt, berührt es einen Mann in der eigenen inneren Männlichkeit, der als Penner auf der Parkbank sitzt.

- In der Betrachtung eines lustvollen Mannes berührt es in der eigenen inneren Männlichkeit einen lustvollen Mann.

- In der Betrachtung eines Mannes, der pessimistische Gedanken pflegt, berührt es in der eigenen inneren Männlichkeit einen pessimistisch denkenden Mann.

- In der Betrachtung eines Mannes, der sich in seiner Bewusstwerdung bewegt, berührt es in der eigenen inneren Männlichkeit einen bewusst werdenden Mann.

- In der Betrachtung eines Mannes, der sagt, ich darf nicht mit anderen Frauen vögeln, berührt es in der eigenen inneren Männlichkeit einen Mann, der sagt, ich darf nicht mit anderen Frauen vögeln.

- In der Betrachtung eines Mannes, der sich mit seiner Ex-Frau auseinandersetzt, berührt es in der eigenen inneren Männlichkeit einen Mann, der sich mit seiner Ex-Frau auseinandersetzt.

- In der Betrachtung eines Mannes, der Schiss vor dem Leben hat, berührt es in der eigenen inneren Männlichkeit einen Mann, der Schiss vor dem Leben hat.

- In der Betrachtung eines Mannes, der sehr wissend ist, berührt es in der eigenen inneren Männlichkeit einen Mann, der sehr wissend ist.

- In der Betrachtung eines Mannes, der sehr sprachbegabt ist, berührt es in der eigenen inneren Männlichkeit einen Mann, der sehr sprachbegabt ist.

- In der Betrachtung eines Mannes, der Pianist ist, berührt es in der eigenen inneren Männlichkeit einen Mann, der Pianist ist.

- In der Betrachtung eines Mannes, der auf der Reise zum Guru ist, berührt es in der eigenen inneren Männlichkeit einen Mann, der auf der Reise zum Guru ist.

- In der Betrachtung eines Mannes, der Guru ist, berührt es in der eigenen inneren Männlichkeit einen Mann, der Guru ist.

- In der Betrachtung eines Mannes, der den Vorwurf ausspricht, berührt es in der eigenen inneren Männlichkeit einen Mann, der den Vorwurf ausspricht.

- In der Betrachtung eines älteren Manns, der verstorben ist, berührt es in der eigenen inneren Männlichkeit einen älteren Mann, der verstorben ist.

- In der Betrachtung eines jungen Mannes, der Suizid begangen hat, berührt es in der eigenen inneren Männlichkeit einen jungen Mann, der Suizid begangen hat.

- In der Betrachtung eines Mannes, der sich an seine Ehefrau klammert, berührt es in der eigenen inneren Männlichkeit einen Mann, der sich an seine Ehefrau klammert.

- In der Betrachtung eines afrikanischen Mannes, der nicht in seinem Heimatland lebt, berührt es in der eigenen inneren Männlichkeit einen afrikanischen Mann, der nicht in seinem Heimatland lebt.

- In der Betrachtung eines Mannes, der sich von einer Frau löst, die mehrfach vergewaltigt wurde und Alkohol trinkt, berührt es in der eigenen inneren Männlichkeit einen Mann, der sich von einer Frau löst, die mehrfach vergewaltigt wurde und Alkohol trinkt.

- In der Betrachtung eines kontaktarmen Mannes berührt es in der eigenen inneren Männlichkeit einen Mann, der kontaktarm ist.

- In der Betrachtung eines Mannes, der Clown ist, berührt es in der eigenen inneren Männlichkeit einen Mann, der Clown ist.

- In der Betrachtung eines körperbehinderten Mannes berührt es in der eigenen inneren Männlichkeit einen körperbehinderten Mann.

- In der Betrachtung eines Mannes, der zur Unperson erklärt wurde, berührt es in der eigenen inneren Männlichkeit einen Mann, der zur Unperson erklärt wurde.

- In der Betrachtung eines attraktiven Mannes, der mit einer Frau nicht vögeln will, berührt es in der eigenen inneren Männlichkeit einen attraktiven Mann, der mit einer Frau nicht vögeln will.

- In der Betrachtung eines Mannes, der Millionär ist, berührt es in der eigenen inneren Männlichkeit einen Mann, der Millionär ist.

- In der Betrachtung eines Mannes, der Schwul ist, berührt es in der eigenen inneren Männlichkeit einen Mann, der Schwul ist.

- und, und, und

Weibliche Beziehungsspielpartner

- In der Betrachtung einer gelähmten Frau berührt es in der eigenen inneren Weiblichkeit eine gelähmte Frau.

- In der Betrachtung einer reichen Frau berührt es in der eigenen inneren Weiblichkeit eine reiche Frau.

- In der Betrachtung einer zurückgezogenen jungen Frau berührt es in der eigenen inneren Weiblichkeit eine zurückgezogene junge Frau.

- In der Betrachtung der Frau, die die Geliebte eines Ehemannes ist, berührt es in der eigenen inneren Weiblichkeit eine Frau, die die Geliebte eines Ehemannes ist.

- In der Betrachtung einer strengen Lehrerin berührt es in der eigenen inneren Weiblichkeit eine strenge Lehrerin.

- In der Betrachtung einer Nonne berührt es in der eigenen inneren Weiblichkeit eine Frau, die Nonne ist.

- In der Betrachtung einer schönen schlanken Frau berührt es in der eigenen inneren Weiblichkeit eine schöne schlanke Frau.

- In der Betrachtung einer geilen Frau berührt es in der eigenen inneren Weiblichkeit eine geile Frau.

- In der Betrachtung der Gewalttäterin berührt es in der eigenen inneren Weiblichkeit eine Gewalttäterin.

- In der Betrachtung einer eifersüchtigen Rivalin berührt es in der eigenen inneren Weiblichkeit eine eifersüchtige Rivalin.

- In der Betrachtung einer armen lachenden Frau berührt es in der eigenen inneren Weiblichkeit eine arme lachende Frau.

- In der Betrachtung einer reichen Vermieterin berührt es in der eigenen inneren Weiblichkeit eine reiche Vermieterin.

- In der Betrachtung einer missbrauchten jungen Frau berührt es in der eigenen inneren Weiblichkeit eine missbrauchte junge Frau.

- In der Betrachtung einer Zigeunerin berührt es in der eigenen inneren Weiblichkeit eine Zigeunerin.

- In der Betrachtung einer Frau, die mit mehreren Männern vögelt, berührt es in der eigenen inneren Weiblichkeit eine Frau, die mit mehreren Männern vögelt.

- In der Betrachtung einer attraktiven korpulenten Frau berührt es in der eigenen inneren Weiblichkeit eine attraktive korpulente Frau.

- In der Betrachtung einer Frau, die als Putzfrau tätig ist, berührt es in der eigenen inneren Weiblichkeit eine Frau, die als Putzfrau tätig ist.

- In der Betrachtung einer Frau, die Designerin ist, berührt es in der eigenen inneren Weiblichkeit eine Frau, die Designerin ist.

- In der Betrachtung einer Frau, die mutig ihr Leben aus sich selbst lebt, berührt es in der eigenen inneren Weiblichkeit eine Frau, die mutig ihr Leben aus sich selbst lebt.

- In der Betrachtung einer 45-jährigen an Brustkrebs erkrankten Frau berührt es in der eigenen inneren Weiblichkeit eine 45-jährige an Brustkrebs erkrankte Frau.

- In der Betrachtung einer Frau, die eine schwerkranke gleichaltrige Frau pflegt, berührt es in der eigenen inneren Weiblichkeit eine Frau, die eine gleichaltrige schwer kranke Frau pflegt.

- In der Betrachtung einer indischen Ashram-Mutter berührt es in der eigenen inneren Weiblichkeit eine indische Ashram-Mutter.

- In der Betrachtung einer wohlhabenden älteren Frau berührt es in der eigenen inneren Weiblichkeit eine wohlhabende ältere Frau.

- In der Betrachtung einer Frau, der Geld geborgt wird und die es nicht zurückzahlt, berührt es in der eigenen inneren Weiblichkeit eine Frau, der Geld geborgt wird und die es nicht zurückzahlt.

- In der Betrachtung einer Frau, die unzufrieden mit ihrem Lebenspartner ist, berührt es in der eigenen inneren Weiblichkeit eine Frau, die unzufrieden mit ihrem Lebenspartner ist.

- In der Betrachtung einer Frau, die Erwartungen an einen Mann hat, berührt es in der eigenen inneren Weiblichkeit eine Frau, die Erwartungen an einen Mann hat.

- und, und, und

7. Ein Dankeschön an das Vögeln

Das Vögeln selbst hat mich das Vögeln gelehrt. Es aktiviert sich in mir, wenn es sich in mir aktiviert. Es zeigt mir in der direkten Begegnung, wie es vögeln will.

Das Vögeln hat mir wertvolle Dienste erwiesen. Es hat mich auf wundersame Weise in meinen Mannkontakten transportiert. Es hat mich durch Männer meine männliche sexuelle Verweigerung spüren lassen. Es hat mich mit Männern in der sexuellen Lust verwöhnt.

Das Vögeln im Vögeln genießen ist wunderschön.

Die Leichtigkeit des Vögelns wird oft blokkiert durch den Beziehungsmüll der Menschen, die miteinander vögeln. In den Blockierungen ums Vögeln sind Energiereserven gebunden, die, wenn sie frei sind, das Vögeln in einer wunderschönen Zärtlichkeit umarmen.

- Vögelt ein Mann mit einer Frau, so erlebt der Mann das Vögeln in seiner inneren weiblichen Beziehungswelt.

- Vögelt eine Frau mit einem Mann, so erlebt die Frau das Vögeln in ihrer inneren männlichen Beziehungswelt.

- Vögelt ein Mann mit einem Mann, so erlebt der Mann das Vögeln in seiner inneren männlichen Beziehungswelt.

- Vögelt eine Frau mit einer Frau, so erlebt sie das Vögeln in ihrer inneren weiblichen Beziehungswelt.

Das, was der Mann beim Vögeln mit der Frau erlebt, genau das ist seine Realität Vögeln in seiner inneren weiblichen Welt.

Beispiele

- Erlebt der Mann eine lustvolle Frau, so erlebt der Mann in seiner inneren Weiblichkeit eine lustvolle Frau.

- Erlebt der Mann eine Frau, die ihn beim Vögeln beschimpft, so erlebt der Mann in seiner inneren Weiblichkeit eine Frau, die ihn beim Vögeln beschimpft.

- Erlebt der Mann beim Vögeln eine Frau, die eine blockierte Muschi hat, so erlebt der

Mann in seiner inneren Weiblichkeit eine Frau, die eine blockierte Muschi hat.

Lenkt der Mann seine Energie beim Vögeln hin in seine innere Weiblichkeit, so entspannt er in seinen noch vorhandenen weiblichen Begrenzungen im Vögeln. Richtet er die Energie jedoch durch den Vorwurf oder in seinen Gedanken hin zur äußeren Frau, so blockiert er seine lustvollen Bewegungen Vögeln.

Das, was die Frau beim Vögeln mit Mann erlebt, genau das ist ihre Realität Vögeln in ihrer inneren männlichen Welt.

- Erlebt die Frau einen Mann, der seinen Schwanz einzieht, so erlebt sie in ihrer inneren Männlichkeit einen Mann, der seinen Schwanz einzieht.

- Erlebt die Frau einen Mann, der ständig mit ihr vögeln will, so erlebt sie in ihrer inneren Männlichkeit einen Mann, der ständig vögeln will.

- Erlebt die Frau einen Mann, der das Vögeln genießt, so erlebt die Frau in ihrer inneren Männlichkeit einen Mann, der das Vögeln genießt.

- und, und, und

Übernimmt der Mann beim Vögeln die Verantwortung für seine freien und blockierten männlichen und weiblichen Beziehungsanteile, und übernimmt die Frau die Verantwortung für ihre freien und blockierten weiblichen und männlichen Beziehungsanteile, so gedeiht das lustvolle Spiel, Vögeln begegnet Vögeln.

8. Familie

Durch das Leben in unseren Familien können wir die Familie in uns erkennen. Die leibliche Familie ist ein Spiegel für die eigene innere Familienwelt. Das Familienspiel ist ein zentraler Spielaspekt in unserem mitmenschlichen Beziehungsspiel. Jedes Familienmitglied erlebt das Familienspiel entsprechend seiner inneren Familienwelt. Und jedes Familienmitglied gibt genau den Beitrag ins Familienspiel, der ihm in diesem Spiel zu spielen möglich ist. So wie das Familienspiel von allen Spielteilnehmern gespielt wird, so entspricht es den Familienspielen der einzelnen in ihrer eigenen inneren Beziehungswelt Familie.

Wenn ein Familienmitglied das Familienspiel in sich erkannt hat, lebt es entspannt im eigenen inneren Familienspiel.

- Die Mutter spiegelt den Familienmitgliedern ihre eigene innere weibliche mütterliche Beziehungswelt.

- Der Vater spiegelt den Familienmitgliedern ihre eigene innere männliche väterliche Beziehungswelt.

- Die Tochter spiegelt den Familienmitgliedern die eigene innere weibliche Beziehungswelt Tochter.

- Der Sohn spiegelt den Familienmitgliedern die eigene innere männliche Beziehungswelt Sohn.

- Die Schwester spiegelt den Familienmitgliedern die eigene innere weibliche Beziehungswelt Schwester.

- Der Bruder spiegelt den Familienmitgliedern die eigene innere männliche Beziehungswelt Bruder.

- Die Oma, der Opa, die Tante, der Onkel usw., alle spiegeln sie den Familienmitgliedern die jeweilige eigene männliche und weibliche Spielfigur der inneren Beziehungswelt Familie.

- Das neu geborene Baby spiegelt den Familienmitgliedern das neu geborene Baby in sich.

Jedes Familienmitglied sieht im anderen Familienmitglied jeweils den Aspekt, der seiner eigenen inneren Beziehungswelt entspricht. Die Mutter wird also beispielsweise von den Kindern verschieden wahrgenommen.

Ein ausformuliertes Beispiel:

Eine Frau hat 5 Kinder geboren. Jedes Kind sieht in der Betrachtung der Mutter in die eigene innere Mütterlichkeit. Jedes Kind bekommt von der leiblichen Mutter genau das Verhalten an den Tag gelegt, was es der Mutter sendet. So wie es in der mütterlichen Welt des Kindes schwingt, so wird das Kind entsprechend von der leiblichen Mutter bedient. Die innere Mütterlichkeit in den einzelnen Kindern wird entsprechend von der leiblichen Mutter versorgt. Die Mutter macht also nichts falsch und auch nichts richtig. Sie bedient die Kinder entsprechend der jeweiligen inneren mütterlichen Welt der Kinder. Die Kinder bekommen von ihrer leiblichen Mutter genau das, was sie auch von ihr aus ihrer eigenen inneren Beziehungswelt heraus fordern.

Ob den Kindern und der Mutter dieses Beziehungsspiel gefällt, das ist nicht entscheidend. Die Realität, so wie sie ist, ist und wirkt.

Die Mutter wird von ihren 5 Kindern entsprechend ihrer eigenen inneren Kinderwelt bedient. Jedes Kind gibt der Mutter genau das, was die Mutter im Kontakt mit dem Kind aus ihrer eigenen inneren Kinderwelt aussendet. Die Mutter hat im Kontakt mit ihren 5 leiblichen Kindern die Möglichkeit, sich ihrer eigenen inneren Kinderwelt bewusst zu werden. Jedes Kind dient ihr so, wie sie es von ihm aus ihrer eigenen inneren Beziehungswelt heraus fordert.

Die Bewertung von Familienmitgliedern blokkiert wertvolle Beziehungsenergien im Beziehungsspiel. Auch hier gilt: Jeder Beziehungsspielpartner, der berührt, ist kostbar.

Werden diese Familienmitglieder angenommen, fließt die gebundene Energie vom Beziehungsspielpartner zurück in die eigene innere Familienwelt.

Sind die Familienmitglieder angenommen und erkannt, so lebt es sich entspannt im eigenen inneren Familienspiel.

- Die Sehnsucht nach einem Kind ist die Sehnsucht nach dem freien Energiefluss in der eigenen inneren Kinderwelt.

- Die Sehnsucht nach einer Familie ist die Sehnsucht nach dem freien Energiefluss in der eigenen inneren Familienwelt.

Familienspielpartner

- In der Betrachtung einer glücklichen Mutter berührt es in der eigenen inneren Weiblichkeit Mutter die glückliche Mutter.

- In der Betrachtung eines Vaters mit 4 Kindern berührt es in der eigenen inneren Männlichkeit Vater den Vater mit 4 Kindern.

- In der Betrachtung eines von der Mutter missbrauchten Jungen berührt es in der eigenen inneren Kinderwelt den von der Mutter missbrauchten Jungen.

- In der Betrachtung einer alkoholisierten Mutter berührt es in der eigenen inneren Weiblichkeit Mutter die alkoholisierte Mutter.

- In der Betrachtung des großen Bruders berührt es in der eigenen inneren Männlichkeit den grossen Bruder.

- In der Betrachtung des verunglückten 2-jährigen Jungen berührt es in der eigenen inneren Kinderwelt den verunglückten 2-jährigen Jungen.

- In der Betrachtung der werdenden Mutter berührt es in der eigenen inneren Weiblichkeit die werdende Mutter.

- In der Betrachtung des Embryos berührt es in der eigenen inneren Welt den Raum Embryo.

- In der Betrachtung der kleinen Schwester berührt es in der eigenen inneren Kinderwelt die kleine Schwester.

- In der Betrachtung einer kranken Mutter berührt es in der eigenen inneren Weiblichkeit Mutter die kranke Mutter.

- In der Betrachtung einer großzügigen Oma berührt es in der eigenen inneren Weiblichkeit die großzügige Oma.

- In der Betrachtung eines Straßenmädchens in Lumpen ohne Familienzugehörigkeit berührt es in der eigenen inneren Kinderwelt das Straßenmädchen in Lumpen ohne Familienzugehörigkeit.

- In der Betrachtung einer klammernden Mutter berührt es in der eigenen inneren Weiblichkeit Mutter die klammernde Mutter.

- In der Betrachtung einer herzlichen Schwiegermutter berührt es in der eigenen inneren Weiblichkeit die herzliche Schwiegermutter.

- In der Betrachtung eines Bruders, der seine Schwester missbraucht, berührt es in der eigenen inneren Männlichkeit den Bruder, der seine Schwester missbraucht.

- In der Betrachtung des Vaters, der seine Familie verlässt, berührt es in der eigenen inneren Männlichkeit den Vater, der seine Familie verlässt.

- In der Betrachtung des geizigen Onkels berührt es in der eigenen inneren Männlichkeit den geizigen Onkel.

- In der Betrachtung des reisenden Schwagers berührt es in der eigenen inneren Männlichkeit den reisenden Schwager.

- In der Betrachtung des ständig arbeitenden Ehemannes berührt es in der eigenen inneren Männlichkeit den ständig arbeitenden Ehemann.

- In der Betrachtung einer MS-erkrankten Mutter mit 2 Kindern berührt es in der eigenen inneren Weiblichkeit die MS-erkrankte Mutter mit 2 Kindern.

- In der Betrachtung einer allein erziehenden Mutter mit 4 Kindern berührt es in der eigenen inneren Weiblichkeit Mutter die allein erziehende Mutter mit 4 Kindern.

- In der Betrachtung einer Mutter mit einem mongoloiden Kind berührt es in der eigenen inneren Weiblichkeit Mutter die Mutter mit einem mongoloiden Kind.

- und, und, und.

9. Täter/Opfer • Opfer/Täter

Das Opfer sieht in der Betrachtung des Täters in die eigene innere Beziehungswelt des Täters in sich.

Der Täter sieht in der Betrachtung des Opfers in die eigene innere Beziehungswelt des Opfers in sich.

Das Opfer hat die Möglichkeit, den Täter in sich zu erkennen. Über die Annahme des inneren Täters ist es dem Opfer möglich, das derzeitige Opfer-Fühlen zu entspannen.

Der Täter hat die Möglichkeit, das Opfer in sich zu erkennen. Über die Annahme des inneren Opfers ist es dem Täter möglich, das derzeitige Täter-Fühlen zu entspannen.

- Schafft es das Opfer, die Aufmerksamkeit vom Beziehungsspielpartner Täter in die eigene innere Beziehungswelt Täter zu lenken, erlöst sich der eigene innere Täter in der Annahme.

Das Opfer übt dann, ohne Vorwurf mit dem eigenen inneren Opfer zu sein. Gelangt das Opfer in die Annahme zum Opfer, entspannt das Opfer.

Dieser Mensch hat beide Aspekte in seinem Opfer-Täter-Spiel gelöst.

- Schafft es der Täter, die Aufmerksamkeit vom Beziehungsspielpartner Opfer in die eigene innere Beziehungswelt Opfer zu lenken, erlöst sich das eigene innere Opfer in der Annahme.

  Der Täter übt dann, ohne Vorwurf mit dem eigenen inneren Täter zu sein. Gelangt der Täter in die Annahme zum Täter, entspannt der Täter.

  Dieser Mensch hat beide Aspekte in seinem Täter-Opfer-Spiel gelöst.

Das Opfer/Täter • Täter/Opfer-Spiel ist ein sehr heftiges Spiel im Beziehungsspiel. Jeder Spielpartner in diesem Spiel fordert seinen Spielpartner zu diesem Spiel heraus. Der Täter spielt den Täter und das Opfer spielt das Opfer und die Tat ist die vereinbarte Begegnung beider Spielpartner.

Ich empfinde beim Schreiben dieser Worte noch Grausamkeit in der Nüchternheit der Realität „Sehen-was-ist, ist sehen, was ist“.

Nun die Begegnung Opfer und Täter in der Tat am Beispiel des vergewaltigten Mädchens und des Sexualtäters

- Das Mädchen erlebt in der Betrachtung des Sexualtäters in ihrer eigenen inneren männlichen Beziehungswelt den Sexualtäter. Dieser innere Täter und ihr gleichzeitiges Opfer-Erleben begegnen sich in der Tat. Diese Begegnung eröffnet das Täter-Opfer-Spiel im Beziehungsspiel des Mädchens.

- Der Sexualtäter erlebt in der Betrachtung des vergewaltigten Mädchens in seiner eigenen inneren weiblichen Beziehungswelt das vergewaltigte Mädchen. Sein inneres Opfer und sein konkretes Täterverhalten begegnen sich in der Tat. Diese Begegnung eröffnet das Opfer-Täter-Spiel im Beziehungsspiel des Sexualtäters.

Die Tat, der Ort der Tat, der Zeitpunkt der Tat, die Angehörigen des Opfers und des Täters, die Zeugen, die Verhandlungen, die Medien und, und, und - alle Spielaspekte in diesem Spiel entsprechen dieser Inszenierung des Opfer/Täter • Täter/Opfer-Beziehungsspiels.

So wie die Beziehungsspiele sind, so sind sie. Wir Menschen gestalten unser Beziehungsspiel durch unsere eigene innere Beziehungswelt.

In der Bewertung produzieren wir den Energiemangel. In der Annahme entspannen wir im Beziehungsspiel.

10. Der Vorwurf

Der Vorwurf ist das Beziehungsübel, der Schwarze Peter im Beziehungsspiel. Er sorgt für die Aufregungen. Der Vorwurf bekommt seine Nahrung aus den Bewegungen des Nichwahrhabenwollens. Das heißt: Der Mensch wehrt sich und kämpft mit der Realität der Annahme, die sagt, das, was ist, ist das, was ist. Das was ist, ist weder gut noch schlecht. Nimm an, was ist. Das was ist, dient dir.

Aus dem eigenen inneren Vorwurf entstehen solange Vorwürfe, bis der Vorwurf in seinem Spiel erkannt und entspannt ist. Der Vorwurf lebt in der männlichen und weiblichen Welt. Er lebt auch in der Kinderwelt. Er hält den Energiemangel im Beziehungsspiel aufrecht. Der Vorwurf wirkt wie ein roter Knopf. Wird er durch Beziehungsspielpartner gedrückt, erlebt der Mensch Sirenenalarm in seinem Beziehungsspiel.

Die Vorwürfe, z.B.

- Warum nur hast du mich verlassen......... ?

- Der Typ hat mich einfach allein gelassen ... !
- Die bringt mich noch ins Grab .... !
- Die vergnügt sich und ich verrecke hier .... !
- Das hätte ich ja von dir nicht gedacht .... !
- Du tust es ja doch so, wie du es willst .... !

halten das Reiz-Reaktions-Verhalten im Beziehungsspiel aufrecht. Sie aktivieren die Produktion von Beziehungsmüll.

Wir Menschen verteilen und bekommen ständig Vorwürfe.

- Das Vorwurfsspiel im Kontakt mit Mann wohnt in der eigenen inneren Männlichkeit.
- Das Vorwurfsspiel im Kontakt mit Frau wohnt in der eigenen inneren Weiblichkeit.
- Das Vorwurfsspiel im Kontakt mit einem Kind wohnt in der eigenen inneren Kinderwelt.
- Der Selbstvorwurf fühlt sich überall zuhause.

Im Empfangen und im Verteilen des Vorwurfs, das Vorwurfsspiel als das was es ist zu erkennen und nicht mehr auf diesen Schwarzen Peter einzusteigen, das ist Mit-sich-Heilwerden.

11. Der Beziehungsrest

Da, wo an einer Beziehung noch ein bitterer oder wehmütiger oder süßer Nachgeschmack klebt, da wohnt der Beziehungsrest. Der Beziehungsrest macht deutlich, dass noch Energie am Beziehungsspielpartner blockiert ist und die eigne innere Beziehungswelt nicht wirklich entspannt ist. Auf diese Beziehungsreste legt sich ganz schnell neuer Beziehungsmüll und der bremst die Beziehungsenergie.

Im Fühlen von Beziehungsrest liegt die Aufforderung, den Beziehungsspielpartner erneut in der eigenen inneren Beziehungswelt anzuschauen.

Ist die Energie vom Beziehungsspielpartner gelöst, so ist die entsprechende eigene innere Beziehungswelt entspannt.

***

Es gibt Menschen, die leben ein sehr ausgeprägtes und offenes Beziehungsspiel.

Es gibt Menschen, die leben ein sehr begrenztes und zurückgezogenes Beziehungsspiel.

So wie der Mensch sein Beziehungsspiel im Spiele-Spiel Gott erlebt, so will der Mensch es auch für sich erleben. Jedes Beziehungsspiel ist das, was es ist. Es ist weder gut noch schlecht. Es ist, was es ist. Im Erkennen der Annahme erlebt der Mensch sich in seinem eigenen inneren Beziehungsspiel entspannt. Er fühlt sich klar und frei im Kontakt mit seinen Beziehungsspielpartnern. Der Mensch verfügt über seine Beziehungsenergie und lebt aus seinem goldenen Beziehungsei sein Beziehungsspiel.

12. Die Annahme

Die Annahme ist die Annahme. Sie nimmt an, was ist. Sie sieht das, was ist, auch als genau das, was es ist. Die Annahme schaut das, was ist, an und ist damit. Die Annahme fordert zur Annahme auf. Sie lehrt das Annehmen, sie lehrt wie es geht, mit dem zu sein, was ist. Sie fordert zur Selbstannahme auf.

Wir Menschen möchten von unseren Mitmenschen angenommen sein. Das funktioniert deshalb oft nicht, weil wir mit uns selbst nicht in der Annahme sind. Sind wir mit uns selbst in der Annahme, so sind wir auch mit unseren Mitmenschen in der Annahme.

Die Annahme aktiviert die Realität der Einheit in uns Menschen, sie offenbart in ihrer Tiefe das Reich der Erkenntnis.

Das Erkennen ist das sehen, was ist.

Die Annahme schaut sich das Lebensspiel der Menschen an und steigt nicht hinein. Sie interpretiert, beurteilt und verändert dieses Spiel nicht. Sie beobachtet es und schaut zu, was in der Intelligenz der Liebe geschieht.

Die Annahme unterweist den Menschen, seine Energie mit sich zu halten.

Die 4 Schritte der Annahme:

1. Mitbekommen, was geschieht

2. Innehalten, nicht einsteigen

3. Die Situation annehmen

4. Den nächsten Schritt sehen und tun

Im Praktizieren der Annahme geschieht Entspannung und darin vollzieht sich das Erkennen.

Das ist das Ziel der Annahme:

Entspannt sein!
Mit sich
entspannt
IM MOMENT SEIN

Inhaltsverzeichnis

Liebe Leserin, Lieber Leser 5

1. Das Spiele-Spiel 9
2. Das Beziehungsspiel 13
3. Sehen-was-ist ist sehen, was ist I 19
4. Sehen-was-ist ist sehen, was ist II 25
5. Mann/Frau - Frau/Mann 31
6. Männliche Beziehungsspielpartner - Weibliche Beziehungsspielpartner 45
7. Ein Dankeschön an das Vögeln 55
8. Familie 59
9. Täter/Opfer • Opfer/Täter 67
10. Der Vorwurf 71
11. Der Beziehungsrest 73
12. Die Annahme 75

Von Carola Bancken ist im Aktivraum-Verlag bereits das Büchlein „In der Liebe erwacht“ erschienen. Sie beschreibt darin, wie sich in einer Nacht im Frühjahr 1983 ihr ganzes Leben veränderte, und stellt ihre „Sprache der Liebe“ dar.

Wenn Sie mehr über Ihre Arbeit wissen wollen, rufen Sie mich einfach an, oder besuchen Sie uns im Internet:

www.aktivraum.de